Marraine,

Je t'offre ce livre aujourd'hui pour que tu puisses écrire l'histoire de notre vie !

Certaines questions sont très personnelles, tu as le choix d'y répondre ou non. Si tu ne réponds pas à tout, je ne t'en voudrais pas !

Mais le plus important c'est de répondre avec ton coeur !

Une fois le livre complété, je voudrais que tu me le donnes, pour que je puisse redécouvrir notre histoire.

Merci ♡♡♡♡♡

Pour commencer, comment était ton enfance ?

Aimais-tu aller à l'école ? Et comment t'y comportais-tu ?

Quelles étaient tes matières préférées ? Celles que tu détestais ?

Raconte moi une journée type de ton enfance...

Raconte moi ton meilleur souvenir d'enfance...

Quels étaient tes rêves ?

Que voulais-tu faire plus tard dans la vie ?

Comment tes parents te décrivaient-ils ?

Comment s'est passée ton adolescence ?

Parle moi de mes parents ...

A quel moment de ta vie les as-tu rencontré ?

Peux-tu me raconter votre rencontre ?

Raconte moi quelques anecdotes sur eux ...

Pourquoi t-ont-ils choisi pour être ma marraine ?

Décris-moi la journée de mon baptême...

Quels emplois as-tu occupés durant toute ta vie ?

Quels sont les rêves que tu as réalisés et ceux qui ne le sont pas ?

Quels principes t'ont transmis tes parents et guident ta vie ?

Quels principes t'ont transmis tes parents et guident ta vie ?

As-tu eu des animaux de compagnie durant ta vie ?

As-tu eu des animaux de compagnie durant ta vie ?

Quelles sont tes passions ?

Si tu pouvais tout recommencer, opterais-tu pour les mêmes choix de carrière ?

Quel est ton principal regret ?

Quelle recette selon toi dois-je absolument connaître ?

Quelle est ton histoire médicale ?

Comment as-tu vécu les périodes difficiles de ta vie ?

Quels progrès as-tu vécu et t'ont le plus étonnés ?

Qui est ton chanteur(euse) ou groupe préféré ?

Quelle chanson t'émeut depuis des années ?

Qui a été ton modèle ou ta source d'inspiration ?

Quelles sont les traditions ou les fêtes que tu aimes ?

Quels sont tes rituels personnels ?

Qui sont tes meilleurs amis aujourd'hui ?

Quels sont les mots qui te viennent à l'esprit aujourd'hui pour décrire ta famille ?

Que sais-tu sur tes ancêtres ?

Sais-tu d'où vient ton prénom ? Et tes deuxième et troisième prénoms, si tu en as ?

Comment étaient réellement mes parents ?

Comment étaient réellement mes parents ?

Que préfères-tu de ton rôle de marraine ?

Que préfères-tu de ton rôle de marraine ?

Quels ont été tes plus beaux voyages ?

De quoi t'ennuies-tu quand tu penses au "bon vieux temps" ?

Quelle est ta plus grande source de fierté ?

Qu'as-tu découvert depuis 5 ou 10 ans que tu aurais aimé découvrir plus tôt ?

Quel a été ton lieu de résidence préféré ?

Quel conseil donnerais-tu à la personne que tu étais à 18 ans ?

Et à la personne que tu étais à 25 ans ?

A quoi aurais-tu aimé consacrer plus de temps ?

Que faisais-tu à mon âge ?

En quoi on se ressemble toi et moi ?

Qu'as-tu toujours souhaité me dire sans jamais avoir osé ?

Donne moi les prénoms de tes frères et soeurs ... En me donnant les traits de caractère de chacun d'eux ...

Décris-moi maman et papa...

Quel est ton livre préféré ? Pourquoi ?

Quel est ton film préféré ? Pourquoi ?

Quelles étaient les histoires que tu adorais que tes parents te racontent ?

Quel est le plat cuisiné par tes grands-parents ou tes parents que tu préfères ?

Si tu pouvais revivre une journée de ton enfance, ce serait laquelle ?

En quoi penses-tu être différent de mes parents ?

En quoi penses-tu être différent de mes parents ?

Et en quoi leur ressembles-tu ?

Et en quoi leur ressembles-tu ?

Qu'est ce que tu aimes faire avec mes parents ?

Et qu'est ce que tu n'aimes pas faire avec eux ?

Printed in France by Amazon
Brétigny-sur-Orge, FR

20268008R00036